APPEL AUX TRAVAILLEURS

LES VICTIMES DU TRAVAIL

Étude sur les dangers de la Loi de 1898

PAR

Georges BONJEAN

PARIS

L'UNIVERSALA

IMPRIMERIE OUVRIÈRE ESPÉRANTISTE

20, rue du Cloître-Saint-Merri, 20

1911

APPEL AUX TRAVAILLEURS

LES VICTIMES DU TRAVAIL

Étude sur les dangers de la Loi de 1898

PAR

Georges BONJEAN

PARIS

L'UNIVERSALA

IMPRIMERIE OUVRIÈRE ESPÉRANTISTE

20, rue du Cloître-Saint-Merri, 20

1911

INTRODUCTION

Cette étude m'a été demandée, il y a trois ans, pour *Le Travailleur de Seine-et-Oise*, par quelques bons amis, avec lesquels je travaille parfois à la conquête de quelques progrès sociaux.

C'est une œuvre de *sincérité* et d'*impartialité*, bien modeste, sans recherche littéraire, et improvisée sous le coup d'une véritable angoisse, résultant de la façon dont je voyais le principe de la *réparation du risque professionnel*, menacé de la plus grave façon, au moyen des pires combinaisons, et au profit de ceux qui, connaissant admirablement les infortunes, que la loi a voulu soulager, font tout pour en paralyser les bienfaits.

Vieux magistrat, je comprends mieux que

beaucoup d'autres les dangers de certaines tactiques ou de certains complots machiavéliques.

J'ai cru de mon devoir de le dire avec la netteté rigoureuse d'une conscience éprise de *justice* et de *respect pour les lois*.

La fameuse formule : *le bon juge,* a fait son temps. Elle avait jadis emballé un public incapable de comprendre suffisamment qu'un vrai magistrat ne devrait pas se faire un tremplin, de ce que ses collègues ont pratiqué bien avant lui, et mieux que lui, mais dans le sentiment silencieux de juste pitié, qui doit toujours éclairer, par une humaine et légale interprétation, *la lettre aveugle de la loi.*

En fait, le mot populaire a montré son néant et ses dangers.

Cela n'a pas modifié le devoir qui s'impose à tout citoyen, chargé de la haute et angoissante mission de juger les autres, de s'émouvoir à la constatation de la souffrance physique ou morale.

C'est ce qu'a indiqué, avec sa haute autorité, M. le Procureur Général Fabre, à la première

audience de rentrée, de la Cour d'appel de
Paris.

Il disait :

« La douleur humaine n'est pas un vain
« mot, et il existe des injustices cruelles ; il
« y a, en ce monde, bien des infortunés, des
« vaincus de la vie, se traînant misérable-
« ment vers les lendemains, toujours dif-
« férés, de revanche et de réparations
« sociales ».

.   .   .   .

« Et il faut combattre l'égoïsme et l'hypo-
« crisie, ces fleurs vénéneuses du temps
« présent ».

Ces énergiques affirmations fortifieraient,
s'il était nécessaire, ceux qui hésiteraient à
sonder les plaies douloureuses, qu'a prévues
la Loi, afin d'être mieux en mesure de réaliser
la pensée du législateur, qui, dans l'*espèce*
que traite ces quelques pages, a obéi, non
seulement à une naturelle et respectueuse
pitié, mais à un impérieux devoir de *justice
sociale*.

Puissent mes réflexions amener les améliorations nécessaires dans une situation, dont j'ai souligné les dangers.

J'affirme de nouveau, comme on le verra en lisant cette courte étude, que *je crois les Tribunaux*, si on leur en donne les moyens, *sincèrement décidés à soulager loyalement l'ouvrier victime du travail.*

Il est facile d'insulter sans cesse la magistrature française. Les travailleurs conscients commencent, et j'en suis très heureux, à comprendre « que ce grand corps », trop souvent ébranlé et battu en brèche par ceux qui imputent à cette *grande muette* les abus, dont ils vivent, *est et sera*, je pense, *toujours le meilleur rempart contre l'injustice et l'exploitation.*

Georges Bonjean.

LES VICTIMES DU TRAVAIL

I

Je n'entends pas par ces mots désigner les travailleurs, écrasés trop souvent par le patronat, et que celui-ci a longtemps considérés comme un troupeau corvéable à merci.

Les syndicats, que je ne trouve pas toujours très adroits dans les batailles engagées, les esprits impartiaux qui comprennent ce que réclame la *Justice sociale*, les cœurs généreux, (et il y en a encore), qui souffrent de toute souffrance populaire, pourraient, s'ils travaillaient cœur à cœur, remplacer le patronat par les coopératives de production, tout au moins le contraindre à la participation aux bénéfices, et même à ce que M. Briand appelle les *actions de travail.*

Je n'entends pas davantage considérer comme des victimes les travailleurs *accidentés* à l'atelier ou au chantier, car l'accident est un risque professionnel normal, et on ne peut l'éviter.

Mais j'appelle *victimes du travail* les ouvriers qui, ayant été accidentés, et comptant sur la loi de 1893 pour obtenir la réparation du préjudice subi, ne bénéficient pas de l'intégralité de ce à quoi ils ont droit. Ça c'est une iniquité.

Mais, direz-vous, comment cela peut-il se faire?

Comment? Mais parce que vous ignorez, mes

chers amis, qu'on a dit souvent avec raison que les lois sont faites pour être violées, et parce que l'usage insuffisant du droit d'association vous laisse sans défense contre les oligarchies bourgeoises, si habiles à *associer* leurs efforts et leurs capitaux pour vous étrangler.

Je n'ai pas l'habitude de dire des paroles inutiles, surtout maintenant que je blanchis trop vite, et que je n'ai plus peut-être beaucoup de temps pour me dévouer aux camarades.

Aussi, je commence toujours par le plus pressé, et le plus pressé, croyez-m'en, est de vous faire bien comprendre que *l'association* est votre seule arme de salut et d'éclatantes victoires.

Or, précisément, nos lois dites ouvrières deviennent souvent, en certaines mains, des monuments perfides de soupçon et d'étranglement, contre ceux qu'elles prétendent servir, et qui en sont *ligotés*, tandis que les associations de capitalistes et la liberté de l'exploiteur sont sans entraves pour tirer la couverture de leur côté à vos dépens.

Revenons aux accidents.

Je n'ai pas la prétention d'étudier ici le fonctionnement de la loi de 1898, et de toutes les modifications législatives, réglementaires, administratives, qui l'ont modifiée ou suivie. On a écrit sur tout cela de si nombreux volumes, qu'on ne sait pas par lequel commencer, et qu'il faudrait un tombereau à deux chevaux pour les porter avec soi. Rien que les documents officiels, lois, règlements et circulaires, réunis par le ministère du Travail, constituent un volume grand format, de 428 pages, imprimé fin. Comment donc l'ouvrier, qui turbine toute la journée, aurait-il l'audace de vouloir étudier lui-même ce fatras, au milieu duquel les vieux magistrats sentent eux-mêmes leur tête se perdre.

C'est peut-être ce qu'on a voulu, car il faut bien, n'est-ce pas, que ce soit toujours la même bête de somme qui porte le fardeau.

Allez, chers amis, vous vous indignez, et vous avez raison. Mais, si vous saviez comme une partie de ceux, qui vous cajolent en période électorale, rigolent de votre naïveté! Pourvu que les exploiteurs entassent des millions, et que les politiciens tirent leur coupe aux frais de la princesse dans l'assiette au beurre, tout est bien.

Aussi, voyez la malice : la loi a prévu complaisamment l'intervention officielle des assurances. Or, il n'y a pas de combinaison plus perfide et plus dangereuse, que ce système, qui détruit les véritables et sérieuses responsabilités.

Les compagnies d'assurance sont de grosses et puissantes *machines à bosseler* l'ouvrier; leurs conseils d'administration sont composés de *grosses légumes*, qui s'y engraissent, sans se faire de durillons; aussi comment le prolétaire, couché par l'accident dans un lit d'hôpital, laissant la femme et les petiots se serrer le ventre au logis, comment, dis-je, pourrait-il lutter?

Il y a bien *les médecins* et *les tribunaux*. Mais

les premiers ne sont-ils pas trop souvent inféodés aux compagnies et aux riches clientèles ; les seconds, qui, croyez-moi, sont pleins de bonne volonté, peuvent-ils voir bien clair quand ils n'ont, pour juger, que des attestations médicales si souvent suspectes, des rapports d'experts toujours mal renseignés (nous y reviendrons un jour), et comme avocats de bons jeunes gens inexpérimentés pour le blessé, en face des plus célèbres *maîtres* pour les patrons et les compagnies d'assurances ?

Mais voilà que je bavarde, et je vais encore me faire des ennemis cruels, en défendant l'ouvrier blessé, comme je m'en suis fait en cherchant à sauver les enfants du peuple de l'exploitation des Bons-Pasteurs et des orphelinats industriels ! Peu m'importe, d'ailleurs, car je ne suis pas un peureux, et j'aime bien souffrir, quand ma souffrance paie un petit morceau de l'émancipation prolétarienne !

Je termine cette première partie de mon étude par ce court résumé de mes impressions.

Pour venir en aide sérieuse aux victimes du fonctionnement bourgeois de la loi sur les accidents, il faudrait :

I. Dans chaque centre industriel, par exemple pour Seine-et-Oise, à Versailles, Juvisy, Argenteuil, etc., un *comité local* juridique et médical avec dispensaire autonome.

Ce double comité, par sa double compétence, éviterait toute faute dans les débuts de chaque affaire, les conduirait devant le tribunal compétent, s'il y avait lieu, rapidement et énergiquement, et, en cas d'insuccès, aurait préparé, en faveur de la victime, un dossier, véritable arsenal d'armes bien trempées.

II. Au siège de chaque Cour d'appel, un *comité régional*, également juridique et médical, continuant, devant les *robes rouges*, avec les armes parées, la bataille perdue devant les *robes noires*.

Ce comité pourrait avoir une clinique médicale pour les grandes opérations et les traitements difficiles ou spéciaux.

III. Enfin, à Paris, un comité général central, avec double élément juridique et médical, pour continuer, s'il y avait lieu, la lutte devant la cour de cassation, et surtout pour imprimer à tous les comités régionaux et locaux une identité d'action indispensable à une pareille croisade.

Pour tout cela, et quoique je sois sûr qu'on trouverait pour une aussi noble tâche des dévouements très désintéressés, il faudrait cependant de l'argent. Où le trouver? Dans *l'association*.

Quand j'eus dix ans l'honneur de présider, à Paris, la Chambre consultative des Sociétés de prévoyance du département de la Seine, j'ai fait créer la *Caisse de réassurance* qui, pour un versement de dix centimes — deux sous — par mois pour chaque mutualiste, assurait CINQ ans de secours à celui qui, au bout de six mois en général, était lâché par sa société.

Eh bien, mes chers amis, voulez-vous tenter une grande chose qui, j'en ai la ferme confiance, produirait en vos mains une puissance extraordinaire de défense? Faites une vaste association de tous les travailleurs, avec versement de deux sous par mois, et vous verrez si vous ne trouvez pas là le moyen de lutter victorieusement contre les trucs malfaisants, qui prostituent la belle pensée de la loi de 1898, et de tarir la source lamentable qui fait sans cesse couler le fleuve des VICTIMES DU TRAVAIL.

Pour vous montrer que je ne plaisante pas, je m'inscris dès à présent à cette nouvelle société prolétarienne pour une souscription de mille francs, qui sera suivie, si vous marchez, mes chers amis, vigoureusement dans cette voie de salut.

II

Je me suis laissé un peu entraîner plus haut par l'enthousiasme convaincu que m'inspire l'idée fédérative, en ce qui concerne la défense du travailleur, contre la coalition naturelle des compagnies d'assurance et des patrons, qui grandit je crois de jour en jour, au grand préjudice de l'ouvrier accidenté.

Revenons à l'étude du présent, qui est assez grave pour justifier les plus sérieuses méditations.

En effet, il n'est pas difficile de constater qu'il s'établit, dans certaines régions de l'opinion publique, une levée de boucliers significative, qui me paraît menaçante pour l'intérêt des travailleurs.

C'est qu'en effet la loi de 1898 sur les accidents a fait naître un grand champ d'exploitation, qui naturellement surexcite les convoitises capitalistes.

Le rapport du ministère du Travail, publié par le *Journal Officiel* du 4 août, sur l'application générale des lois d'assurances relatives aux accidents du travail en 1907, constate des faits économiques très importants.

Ainsi, en 1901, la somme des salaires assurés s'élevait à deux milliards 828 millions ; en 1907 elle s'élève à quatre milliards 189 millions.

Trois organisations parallèles fonctionnent pour ces assurances : les sociétés d'assurances mutuelles, les sociétés anonymes, les syndicats de garanties, toutes placées sous le contrôle de l'État.

Mais les sociétés d'assurances tiennent de beaucoup la tête, car leurs opérations ont porté en 1907 sur 2 milliards 873 millions de salaires, contre 985 millions pour les sociétés mutuelles, et 331 millions seulement pour les syndicats de garanties.

On comprend qu'avec de tels chiffres, qui grandiront sans cesse, les convoitises de la spéculation s'émeuvent puissamment, et l'accidenté doit trembler, quand il constate que la danse est conduite par les compagnies d'assurances, si merveilleusement outillées pour étrangler l'assuré au profit de leurs actionnaires.

Il n'est donc pas surprenant que les oligarchies bourgeoises préparent la mobilisation, dans la lutte qu'elles entendent bien conduire contre les travailleurs accidentés.

Un grand journal du soir, que j'estime d'ailleurs beaucoup pour une impartialité supérieure à celle de beaucoup de ses confrères, m'a l'air, dans un article récent, de faire entendre, quoiqu'avec une sourdine, le clairon des prochaines batailles.

Après avoir constaté que le règlement des sinistres, comprenant les indemnités journalières, les frais médicaux et pharmaceutiques, les frais funéraires, les capitaux constitutifs des rentes, a occasionné en 1907 une dépense de 85 millions et demi, contre 43 millions et demi, en 1901, il gémit sur la charge de plus en plus élevée qui pèse sur le monde industriel et commercial, et tire les premiers coups de la bataille, par cette phrase : « La question est de savoir si le jeu de « la loi reste absolument normal ; si rien ne « vient le fausser, de manière à en *aggraver* « *indûment* le coût. » C'est cette question, peu bienveillante pour le travailleur, à laquelle le journal dont s'agit cherche une réponse.

Il la trouve tout d'abord en accusant les tribunaux d'élargir singulièrement le domaine des accidents considérés comme des accidents de travail.

Puis il relève comme une anomalie le contraste manifeste entre le développement du nombre des incapacités permanentes partielles (10.430 en

1902 et 23.584 en 1907), et la diminution dans le nombre des incapacités permanentes totales, tombant de 227 en 1901 à 141 en 1907, de même que les accidents mortels sont tombés de 3.144 en 1906 à 2.413 en 1907.

« Logiquement, dit le journal, on est conduit « à se demander si les dispositions de la loi et « l'usage qui en est fait n'ont pas contribué dans « une certaine mesure aux aggravations que l'on « constate. »

Qu'est-ce à dire ? Sinon que le travailleur s'attirerait systématiquement ou simulerait des incapacités permanentes particlles.

C'est un soupçon bien grave.

Continuant dans cette voie, l'article relève que les frais médicaux et pharmaceutiques ne cessent de grossir, passant de 5 millions en 1901 à 12 millions en 1907, et il ajoute : « On sait quels abus « cet accroissement de frais recouvre. » Il trouve ensuite que le rapport officiel porte trace des abus criants auxquels on devrait remédier quand il dit : « En vue de rechercher une réglementation « équitable des frais médicaux, en matière d'ac- « cidents de travail, *et de remédier aux abus* « *que signalait le présent rapport,* une commis- « sion spéciale de chirurgiens et de médecins des « hôpitaux a été réunie au ministère du Travail.... « Mais elle n'a abouti qu'à un aveu momentané « d'impuissance.... Il ne semble donc plus pos- « sible de recourir à l'étude de nouvelles dispo- « sitions législatives, pour parer à des abus, qui

« ont justement ému l'opinion, et qui risqueraient
« de se généraliser, s'ils n'étaient contenus par
« aucune barrière. »

Qu'en dites-vous, mes chers camarades ? Voilà
un journal *quasi-officiel*, un rapport *officiel*, une
commission *officielle*, des médecins et chirurgiens *officiels*, qui sont d'accord pour dire le
grand péril, dont *vos trucs*, à vous qui laissez
3.000 morts sur le champ de bataille industriel
chaque année, menacent les compagnies *officielles*,
trucs dont se rendent complices.... qui çà ? Cette
magistrature que les dévôts de l'assiette au
beurre attaquent sans cesse, parce qu'elle est
encore le plus sûr rempart au profit des humbles
contre les puissants.

Et maintenant, il ne s'agit plus, pour vous qui
fournissez au grand livre patronal 23.000 incapacités permanentes partielles judiciairement ré-
glées, et près de 3.000 morts, de pleurer sur cette
armée de victimes.

Il faut réserver votre pitié pour les compagnies
d'assurances, car, d'après l'article que j'analyse,
elles auraient dépensé pour vous, en 1907, 107
millions contre 98 millions seulement de primes,
d'où résulte que ce sont les morts et les blessés
qui semblent avoir volé aux assureurs 9 millions.

Aussi on a déjà relevé les primes (primes à vos
fraudes, sans doute), « mais, conclut l'article, on
« ne pourra évidemment s'en tenir là, surtout
« s'il n'est point radicalement coupé court aux
« erreurs et aux abus, qui grèvent d'une façon
« si déplorable l'œuvre du législateur de 1898. »

Qu'en dites-vous? Voilà bien la déclaration de guerre, et vous allez voir s'épanouir merveilleusement, contre vos existences ouvrières, une foule d'incidents formant le filet dans lequel on cherchera à vous prendre, comme, par les mêmes sentiments, et pour me punir de me dévouer avec mes enfants au sort des travailleurs et des petits, le même filet bourgeois s'était formé perfidement contre nos œuvres si populaires d'Orgeville et de Fontgombault. On voulait, en effet, nous déconsidérer à vos yeux, et vous faire perdre notre amitié et notre concours.

Les travailleurs, qui commencent à réfléchir plus qu'on ne le voudrait, la Fédération typographique en tête, ont vu clair dans la manœuvre, et par un admirable mouvement de consciences indignées, m'ont défendu victorieusement contre cette cabale, en montrant, par des faits, ce qu'ils pensaient de notre dévouement désintéressé.

Mais il faut avant tout que le prolétariat s'efforce de faire sa besogne lui-même selon la belle formule :

L'émancipation des travailleurs ne peut être l'œuvre que des TRAVAILLEURS EUX-MÊMES.

Voilà pourquoi, je vous conseillais plus haut énergiquement *la bataille* avec les armes invincibles de *comités juridiques et médicaux*, pour vous défendre *partout* contre les médecins des *assurances* et les maquis des procédures d'*assurance*, devant les *Tribunaux* qui, je le répète, sont encore vos plus sûrs amis, car ils sont *voués à la* JUSTICE.

Bon courage et en avant pour la justice.

III

Je viens de vous dire, mes chers camarades, que vous alliez voir s'épanouir merveilleusement contre vos existences ouvrières une foule d'incidents, formant le filet dans lequel on cherchera à vous prendre.

J'étais bon prophète, et voici deux incidents caractéristiques.

A l'hôpital Necker fonctionnait le laboratoire principal de radiographie des hôpitaux. Or, ce laboratoire, dirigé par un savant, et non par un médecin, avait commis la grave imprudence de constater, d'une façon indiscutable, les négligences du corps médical des hôpitaux dans beaucoup d'accidents prolétariens.

D'autre part, il avait remarqué que l'absence d'un examen radiographique suffisant ne permettait pas aux Tribunaux, même secondés par des experts, d'apprécier les réparations légitimes dues aux accidents du travail.

Aussi le corps médical, soutenu, si inconsciemment sans doute, par le Conseil municipal de Paris, a commencé la destruction de ce laboratoire gênant, de façon à fermer la bouche des vrais amis de la vérité.

L'Académie des Sciences s'est énergiquement élevée contre cette tactique du corps médical, et le débat est toujours ouvert.

Le sujet est si grave que je laisse parler les documents que j'ai dans les mains, et les amants de la vérité dont on veut annihiler les généreuses intentions. A vous de comprendre l'angoisse poignante et les dangers que révèlent ces citations :

« C'est la cause humanitaire que nous défendons ; et l'intérêt social étant contraire à certains intérêts particuliers, c'est ce qui nous a valu l'hostilité des médecins. Ceux-ci multiplient leurs efforts, et voudraient nous réduire à l'impuissance...

« Le contrôle des actes médicaux et chirurgicaux est devenu nécessaire, et, sur bien des points, la radiographie le permet, puisqu'elle enregistre l'état de certaines parties de l'organisme à un moment donné, et qu'elle rend possible de suivre leur évolution en répétant cette analyse.

« Ainsi la radiographie permet de constater que les fractures sont généralement mal remises : pourquoi ?

« Dans les hôpitaux, les chefs de service ont de 50 à 150 lits, ils se livrent à la chirurgie sanglante (laparotomie, ovariotomie, etc.), ils n'ont donc pas le temps matériel de consacrer à chaque fracture de leur service la demi-heure ou l'heure nécessaire *chaque jour*, pour appliquer le traitement rationnel qui s'impose dans ce cas. Mais, au lieu de faire des postes de chirurgiens en nombre suffisant, ils s'y opposent, car, leur titre servant de réclame auprès de la clientèle payante, ils ne veulent pas que le privilège diminue.

« Il en résulte que les malheureux hospitalisés, lorsqu'ils sont fracturés, (les erreurs de diagnostic pour certaines régions est de 70 0/0), sont le plus souvent mis dans un plâtre par l'intérim ou le panseur (un infirmier), sans qu'il soit apporté aucun changement utile aux rapports qu'affectent entre eux les fragments osseux ; or, comme ceux-ci sont rarement en place, les malades sont réduits à une impotence plus ou moins grande, au lieu de recouvrer l'intégrité de leurs mouvements.

« Quand ce sont des victimes d'accidents du travail, ils sont traités le plus souvent de simulateurs, car il arrive parfois, j'en ai des exemples, que le médecin nommé pour *l'expertise* est à la fois actionnaire de la compagnie d'assurances et médecin traitant à l'hôpital.

« Peut-il se déjuger lui-même et attenter à la fois à sa réputation et à sa bourse ?

« A ce sujet, mon expérience porte sur plus de dix ans, et j'ai effectué près de 30.000 examens à..., parmi lesquels les fractures tiennent la plus grande place.

« Il en est de même en médecine ; l'homme de l'art refuse de se servir de méthodes précises, comme l'examen radiographique quantitatif, qui permettent de porter un diagnostic vraiment précis de la tuberculose pulmonaire ; pourquoi ?

« Lorsque je soumis en 1901 les résultats de mes observations sur cette question à M..., il me

répondit : « Si ce que vous dites est vrai, ce n'est
« pas intéressant, nous n'aurions plus qu'à
« fermer nos cabinets. »

Voilà donc de si graves intérêts, devenus une
question de boutique ; elle n'en est pas moins
dangereuse pour cela, parce que précisément les
questions de boutique n'émeuvent que les âmes
basses, et celles-ci ne reculent devant aucun
moyen pour satisfaire leurs appétits.

On voit ce sentiment dans ce passage du *Bulletin médical*, du 29 février 1908, à l'occasion
d'un travail de M. Villemin, président de la
Chambre syndicale des entrepreneurs de maçonnerie, sur les *médecins marrons* et les abus
auxquels donnerait lieu l'application de la loi
sur les accidents du travail. Voici le passage :

« L'audace de ces agences médico-judiciaires,
encouragée par l'impunité dont elles jouissent,
va toujours croissant. Elles font cambrioler la
clientèle des praticiens, ainsi qu'en témoigne le
passage suivant de la plainte d'un confrère à
propos des agissements d'une clinique d'accidents
du travail.

« Elle place autour des *demeures* de chacun
des médecins, des *rabatteurs* qui appréhendent
tous les clients qui sortent de chez eux avec un
pansement ; on les interroge, on conteste les capacités du médecin qui vient de faire le pansement,
et on engage les blessés à venir dès le lendemain
matin à la clinique, pour continuer à se faire

soigner avec, souvent, promesse de petits verres chez le marchand de vin.

« Je crois qu'il y a là des faits évidents de détournement de clientèle...

« (B. O. du syndicat des médecins de la Seine, 1er septembre 1907.)

« Si l'accord est complet sur l'accaparement des accidentés du travail par les médecins marrons et par les syndicats ouvriers, en revanche les avis sont partagés sur la part qui revient aux compagnies d'assurances dans ce détournement de la clientèle des praticiens. C'est ainsi que, dans un autre journal, *La Presse médicale,* nous entendons deux cloches différentes. Tandis que le docteur Romme dit que les médecins des compagnies d'assurances ne soignent plus de blessés du travail, le docteur Desfosses déclare que « cer-
« taines compagnies joignent avec difficulté les
« deux bouts et n'hésitent pas à faire flèche de
« tout bois », et il ajoute :

« Certaines compagnies d'assurances ont fondé
« des cliniques dirigées par des médecins et
« chirurgiens salariés par elles, et où elles attirent
« les ouvriers victimes d'accidents du travail par
« des procédés qui ne sont pas sans quelque ana-
« logie avec ceux qu'emploient les « médecins
« marrons » : avantages pécuniaires consentis
« aux blessés qui se font soigner dans ces cli-
« niques ; racolage par les agents des compagnies
« qui parcourent les chantiers en recommandant
« aux patrons de ne pas appeler certains méde-
« cins en cas d'accidents, allant même jusqu'à

« les menacer, s'ils n'obéissent pas à ce mot
« d'ordre, de résilier leur police.

« Ils obligent les patrons à leur adresser leurs
« sinistrés, sermonnent ceux-ci, et usent de tous
« les moyens pour les contraindre à se rendre
« chez le médecin de la compagnie. » (*Presse*
« *médicale*, 3 août 1907).

« En somme, de tout ce que nous venons d'exposer, il résulte nettement que le plus grand
obstacle, que rencontre le libre choix du médecin
dans les accidents du travail, provient des cliniques d'accidents du travail, quels qu'en soient
les organisateurs. »

Tout cela est très édifiant, et c'est pourquoi il
faut énergiquement soutenir la thèse préconisée
dans le journal l'*Opinion*, par M. G. Contremoulins, chef du laboratoire principal de radiographie des hôpitaux.

« Ainsi, dit-il, la majorité des médecins recon-
naît que les abus énoncés ont, en général, leur
source dans la complaisance ou la complicité de
confrères trop soucieux de leurs intérêts, et trop
oublieux de leur devoir....

« Il suffirait, pour empêcher la fraude dans un
grand nombre de cas, de rendre obligatoire, dans
tout accident du travail, l'exécution de ces analyses, qui fourniraient aux juges appelés à se
prononcer des documents pouvant servir de base
à la discussion. En appliquant en toute circons-
tance la précision des méthodes scientifiques et
les procédés d'enregistrement, qui sont indépen-

dants de la personnalité de l'opérateur, on réduirait au minimum les chances d'erreurs, qu'elles soient volontaires ou non.

« Nous trouvons une vérification remarquable de ce principe dans les applications de l'analyse radiographique qui est la plus fréquemment employée dans les accidents du travail. »

Après s'être livré à une étude approfondie sur la supériorité de la méthode radiographique par des spécialistes indépendants, qui établiraient les témoins irréfutables et de l'état de la blessure, et de la façon, souvent trop négligée, dont elle a été soignée, M. Contremoulins termine ainsi son étude :

« Les abus signalés par M. Villemin ne disparaîtront qu'en rendant obligatoire, pour les accidents du travail, l'application des analyses scientifiques qui, seules, fourniront au juge une documentation dont il pourra contrôler le degré de probabilité.

« En considérant l'indépendance que devraient avoir les spécialistes chargés de ces analyses et la compétence dont ils auraient à justifier, on comprendra qu'il serait nécessaire de les choisir en dehors du corps médical ; car les documents résultant de leurs recherches mettraient parfois en évidence la responsabilité encourue par le médecin au cours du traitement.

« Il serait inexact de croire que cette adjonction de spécialistes pourrait nuire à l'autorité du médecin consciencieux, ne sortant pas de ses attributions ; elle lui apporterait, au contraire, des garanties indiscutables, puisqu'elle limiterait son rôle en fonction de sa compétence, qui ne saurait être universelle.

« La loi sur les accidents du travail a été conçue dans un esprit d'équité, de justice sociale, et ne doit pas être interprétée comme le prélude de l'âge d'or médical, qu'entrevoyait sans doute M. le docteur Louis Rénon lorsqu'il disait à ses confrères :

« Nous devenons le pivot de la conception « sociale actuelle, où l'amélioration de la vie « physique de l'homme tient une si grande place. « Nos devoirs envers la société grandissent de « jour en jour. AUSSI, JE L'AI DIT DÉJA ET JE LE « RÉPÈTE ENCORE, SI NOUS SAVIONS NOUS ENTENDRE. « NOUS SERIONS LES MAITRES DU MONDE ! »

Eh bien ! non, messieurs les médecins ! Vous ne serez pas les maîtres du monde prolétarien, et, à tous ceux d'entre vous qui servez les intérêts capitalistes aux dépens du pain des victimes, on opposera ceux d'entre vous qui comprennent l'esprit de la loi en toute justice et vérité, et qui veulent donner à chacun ce qui lui est dû.

Voilà le rôle que rempliront les comités médicaux, juridiques qui, j'espère bien, se créeront bientôt, et qui ne seront composés, soyez en sûrs. ni de médecins marrons, ni d'hommes d'affaires.

Avis à ces derniers surtout, dont je sais, mieux que personne, le rôle néfaste dans les accidents du travail.

Pour finir cette étude, bien superficielle malgré son étendue, je n'aurai plus qu'à exposer et combattre le mouvement qui se prépare en France, en imitation de ce qui se fait en Allemagne, et qui veut démontrer que le blessé, notamment l'amputé, s'habitue si bien à son infirmité, qu'après cette accoutumance il n'a plus droit à une pension.

IV

Après avoir étudié plus haut la nécessité de lutter contre la situation si défavorable faite aux ouvriers accidentés, au moyen d'un vaste réseau de comités médico-juridiques, dévoués aux victimes du travail; après avoir montré comment on cherchait à créer un mouvement d'opinion considérant les ouvriers blessés comme les exploiteurs des patrons et des compagnies d'assurance; après avoir expliqué comment la radiographie pouvait offrir aux réparations légitimes un documentage tout puissant; je terminais en disant que je n'aurais plus à exposer et à combattre que le mouvement qui se préparait en France, en imitation de ce qui se passe en Allemagne, et qui veut démontrer que le blessé, notamment l'amputé, s'habitue si bien à son infirmité, qu'après cette *accoutumance*, il n'a plus droit à une pension.

Je viens remplir ma promesse aujourd'hui, et on verra la gravité de la campagne, qui commence par la traduction en français d'une brochure de 145 pages sous le titre : *L'accoutumance consi-*

dérée comme amélioration à la suite des accidents du travail.

Ce qui est une rare audace et une leçon pour ceux qui poussent trop loin la théorie de l'internationalisme, c'est que cette brochure, contre l'ouvrier français, est éditée, *en français*, à la *Göhmannsche Buchdruckerei (Fr. Diers), Hanovre.*

Elle est publiée par la puissante corporation du fer et de l'acier du N.-O. de l'Allemagne, et a pour but de faire pénétrer dans le monde médical, la jurisprudence de l'*Office Impérial*, tribunal suprême en matière d'accidents de travail.

Il faut savoir qu'en Allemagne, lorsqu'un ouvrier est atteint d'une infirmité permanente, la fixation du taux de la rente est faite par la corporation, qui constitue, pour chaque industrie, l'ensemble du patronat local ou régional.

Si cette rente ne paraît pas suffisante à l'ouvrier, celui-ci fait appel à une première juridiction, le *Tribunal Arbitral*, composé de patrons et d'ouvriers, présidé par un magistrat nommé par l'empereur, et qui infirme ou confirme les décisions des corporations.

Ces sentences sont elles-mêmes susceptibles d'appel de la part des deux parties, et en dernier ressort devant l'*Office Impérial*, composé de deux délégués ouvriers, de deux délégués patrons, quatre membres élus par le conseil Fédéral, trois membres permanents, dont deux nommés par le gouvernement, et un président, nommé par l'empereur.

Cette haute juridiction, spécialisée à l'application, dans tout l'empire, de la loi de 1884, sur les accidents du travail, a modifié peu à peu sa jurisprudence première, qui différait peu de la jurisprudence *encore en usage en France*, selon l'expression de la brochure qui indique nettement sa tendance hostile à l'ouvrier.

Pour mieux déceler le danger, laissons parler l'auteur, qui rend tacitement à la magistrature française l'hommage que nous avons dit être mérité par elle :

« En Allemagne, comme en France, on rentait l'ouvrier blessé en raison de sa lésion corporelle ; c'était moins la diminution de salaire résultant d'une mutilation que la mutilation elle-même qui comportait indemnisation. Mais peu à peu, l'office impérial s'est mieux pénétré des intentions du législateur et a compris que son interprétation de la loi était erronée. C'est ainsi qu'il a été amené à tenir le plus grand compte de la comparaison des salaires avant et après l'accident, ce qui semble absolument juste. On a craint, en France, qu'un patron, après avoir échappé aux obligations légales en maintenant un salaire élevé à l'ouvrier blessé chez lui, ne renvoyât ce dernier une fois le délai de révision passé ; en Allemagne, où l'objection n'a pu échapper, on se sert, pour l'évaluation du taux du salaire, non de ce que gagne effectivement l'ouvrier mutilé, mais de ce qu'il peut et doit gagner d'après une estimation établie sur la cote du « marché du travail », cote déterminée

par l'ensemble du patronat local. C'est une sorte
de mercuriale d'un genre spécial dont l'intro-
duction en France ne serait peut-être pas inutile,
et ne serait, en tout cas, pas impossible.

« Les Allemands ont trouvé, dans les organisations que nous venons de mentionner, un organisme de réparation sociale qui, rendant
au monde ouvrier les services qu'on était en
droit d'en attendre, a pu, d'autre part, épargner
au patronat une surcharge excessive de frais
pouvant le mener, sinon à la ruine, du moins à
un état d'infériorité vis-à-vis de la production
étrangère. Encore remarquerons-nous, dans la
brochure allemande, que les industriels d'outre-
Rhin se plaignent amèrement des charges qui
leur incombent du fait de la loi de 1884, et qu'ils
manifestent la crainte de devenir incapables de
lutter contre la concurrence étrangère. Que diront
donc les industriels français? Nous verrons, en
effet, que si les tribunaux arbitraux donnent
quelquefois aux blessés des rentes dont le taux
est comparable à celui des rentes allouées en
France, l'Office intervient aussitôt pour remettre
les choses au point.

Infirmités inférieures à 10 0/0.

« Les petites infirmités dont l'évaluation est
inférieure à 10 0/0 ne donnent droit à aucune
rente en Allemagne, et cela nous paraît très
équitable, puisque le salaire n'est pas sensiblement diminué du fait de ces infirmités. Certains

tribunaux français admettent déjà que des petites
rentes correspondant à des infirmités d'un taux
compris entre 1 et 5 0/0, et représentant une
somme ridiculement insignifiante, ne peuvent
servir à rien aux blessés qu'à les allécher par
l'appât d'un rachat dont le capital est vite et
improductivement gaspillé. Ces tribunaux n'al-
louent donc pas ces rentes, mais ils n'osent pas
encore aller aussi loin que les Allemands qui,
plus expérimentés que nous en la matière, éten-
dent actuellement jusqu'à 10 0/0 le taux des
infirmités médicales non susceptibles de motiver
une rente.

Infirmités dont les lésions sont susceptibles d'accoutumance.

« En ce qui concerne les lésions plus impor-
tantes que celles dont il vient d'être question, les
Allemands payent au blessé une rente égale à la
diminution de salaire aussi longtemps que ce
dernier reste inférieur au taux normal, puis ils
la diminuent, s'il y a lieu, jusqu'au jour où
l'accoutumance à sa lésion (l'accomodation de
certains auteurs français) permet au blessé de
gagner de nouveau son plein salaire. A dater de
ce jour, toute rente est supprimée, ainsi que le
veulent la raison et la plus simple équité. Nous
verrons ainsi des pertes complètes de doigts,
comme l'index droit, ne donner lieu à une rente
que pendant un temps limité, parfois fort court,
jamais à une rente permanente. Nous constaterons

d'ailleurs que la raison de ce mode de faire, absolument extraordinaire pour un Français, est on ne peut plus logique : un ouvrier mutilé est, au moment où il reprend son travail, fort embarrassé pour utiliser sa main incomplète ; il ne peut glus gagner ce qu'il gagnait avant, puisque son rendement est diminué ; on lui octroie donc une rente capable de suppléer à la perte de salaire subie. Mais, petit à petit, le blessé s'habitue au nouvel état de sa main ; il en est d'abord moins gêné, il s'accoutume à employer un autre doigt à la place de celui qu'il a perdu ; il récupère peu à peu son adresse primitive et il finit par accomplir, avec les doigts qui lui restent, tous les travaux qu'il faisait avec sa main complète ; son salaire redevient entier : il est accoutumé à sa lésion. A quelle rémunération a-t-il droit à partir de ce moment ? à aucune évidemment si la rente est destinée à compléter un salaire diminué. C'est ce qu'on pense en Allemagne, mais non point en France, où des considérations d'ordre sentimental interviennent toujours lorsque les médecins ont un rôle à jouer dans l'application d'une loi sociale.

Lésions graves entraînant des réductions permanentes de salaires.

« Quant aux lésions graves, non pas celles qui, comme on dit en France, sont *susceptibles* de diminuer le rendement de l'ouvrier, mais celles qui *diminuent effectivement* et pour toujours la capacité ouvrière du blessé, celles-là sont révisées encore en Allemagne et on compense par une rente la diminution *réelle* de salaire subie. En France, au contraire, le médecin constate que la lésion corporelle, anatomique n'a pas changé et cela suffit au juge, sans aucune préoccupation du salaire, pour maintenir à perpétuité la rente allouée primitivement. C'est là, à notre avis, un abus, et, qui plus est, un abus contraire à l'intention du législateur. Nous serions heureux que la lecture de ce travail allemand pût contribuer à faire modifier une pratique aussi injuste que draconienne qui constitue, non pas une juste réparation du dommage pécuniaire subi, mais une réparation du dommage corporel, une sorte de *prétium doloris* non prévu par la loi. Nous souhaitons que la règle allemande finisse par devenir aussi la règle des juges français, auxquels incombe la révision des rentes allouées pour des mutilations partielles.

« Le jour où les ouvriers blessés sauront qu'ils n'ont rien à attendre d'une infirmité, en ce sens que la rente obtenue par eux, additionnée au salaire qu'ils sont encore capables de gagner, ne laisse plus subsister de préjudice, ce jour là, on ne verra plus de blessés cultiver avec soin une raideur, une infirmité quelconque ; ils chercheront à guérir vite et complètement. Ainsi disparaîtra un effet puissamment démoralisateur, non de la loi, mais de la pratique actuelle de la loi de 1898-1905.

L'accoutumance serait-elle contraire à la loi française.

« Mais, dira-t-on peut-être, les magistrats français sont liés par le texte de la loi, et ne peuvent introduire *l'accoutumance* dans nos usages !

« Nullement : l'article 19 de la loi de 1898-1905 s'exprime en effet ainsi : « la demande en révision de l'indemnité fondée sur une aggravation ou une atténuation de *l'infirmité* de la victime est... etc. » Il n'est pas question d'atténuation de la *lésion* mais bien d'atténuation de *l'infirmité*, c'est-à-dire de la gêne résultant de la lésion, gêne qui peut disparaître à la longue, soit en partie, soit complètement par *l'accoutumance*.

« Rien donc ne s'oppose en France plus qu'en Allemagne, à l'admission de l'accoutumance en cas de mutilation, quand il est prouvé que le blessé s'est accommodé à sa lésion au point d'être capable de gagner et de gagner en effet son plein salaire normal. Il suffirait d'arriver à modifier, dans l'esprit des médecins et des magistrats, leur conception de la loi de 1898 et de faire admettre qu'il ne s'agit pas d'indemniser la perte d'une parcelle du corps humain, mais de compenser une « réduction de salaire » dérivant de cette perte, ce qui semble d'ailleurs strictement conforme à la volonté du législateur traduite ainsi qu'il suit (art. 3, alinéa 3 de la loi de 1898-1905) :

« Pour l'incapacité partielle et permanente,

« l'ouvrier a droit à une rente égale à la moitié
« de la réduction que l'accident aura fait subir
« au salaire. »

« Si donc le salaire n'est plus réduit par suite
d'accoutumance à la lésion, le droit à une com-
pensation disparaît *ipso facto.*

« Nous avons, en regard des pourcentages
alloués par les Tribunaux arbitraux et par
l'Office impérial, inscrit les *pourcentages par les
Tribunaux français*, ou, du moins, le pour cent
le plus bas qui est encore sensiblement *plus élevé,*
et le pour cent calculé d'après 457 décisions
rendues dans des cas semblables. La comparaison
des chiffres fera ressortir à l'évidence la *surcharge énorme dont souffre l'Industrie française :* encore faut-il observer qu'il ne s'agit que
de pour cent moyens, ce qui laisse entendre
qu'une bonne partie des pour cent accordés est
sensiblement plus élevée. Qu'on multiplie la
différence des pourcentages français et allemands
par le nombre annuel des accidents, ET ON SERA,
je crois, EFFRAYÉ EN SONGEANT A L'AVENIR DE
L'INDUSTRIE FRANÇAISE. »

Je saute à la fin de cette *philanthropique* brochure, et j'y trouve une perle : le récit exalté de
l'odyssée d'un brave homme qui, ayant eu les
deux bras coupés, l'un au-dessus, l'autre au-
dessous du coude, arrive néanmoins par sa

persévérance et son héroïsme, à gagner sa vie, malgré l'absence de toute indemnité.

Écoutez ce récit :

« La vivacité de son caractère le fait gesticuler
« de ses deux moignons quand il parle. Il salue
« en enlevant sa casquette avec le pli de son
« avant-bras... il va jusqu'à croire qu'il pourrait
« se défendre s'il était attaqué, et qu'il mettrait
« son adversaire hors de combat avec un coup
« de... *moignon*, porté de bas en haut en pleine
« figure. »

C'est vraiment à désirer être amputé des deux bras, afin d'être plus valide, et on admire cette conclusion tirée par l'auteur d'un tel récit :

« Combien le cas de ce brave homme jette-t-il un triste jour sur la bande des spéculateurs sur rentes avec leurs plaintes sans fin pour le petit bobo, fût-il même guéri depuis longtemps, et qui en arrivent à faire douter de plus en plus les médecins de la probité et du scrupule des consciences. Combien d'hystérotraumatisés et d'hommes-femmes pourraient prendre exemple sur lui en fait de force de volonté et d'énergie au travail ! *Puisse ce simple récit servir de monu-ment à cette figure si exceptionnelle à notre époque de mendiants de rente !* »

Et voilà la conclusion :

« Un coup d'œil jeté sur l'*Annexe* montre combien peu de blessures de doigts, même sérieuses, influent pratiquement sur le salaire.

Si, par contre, on considère le grand nombre d'années nécessaires pour obtenir la revision de rentes accordées pour des infirmités insignifiantes, quand elles proviennent des accidents du travail, et pour en obtenir la suppression en raison de l'accoutumance, on en arrive nécessairement à cette conclusion que, *dans le domaine des assurances contre les accidents, on exige des sacrifices* EXCESSIFS DE LA PART DES PATRONS ASSURÉS et que le législateur n'avait certainement pas prévu cet accroissement de charges. »

Travailleurs, mes chers amis, vous voilà prévenus !

Le danger est imminent.

Vous ne vous en sauverez que par l'organisation de défense générale dont je vous ai tout d'abord détaillé les bases rigoureuses.

Allons, bon courage ! En avant ! Il est plus que temps.

Georges BONJEAN.

L'UNIVERSALA, Imprimerie Ouvrière Espérantiste
20, rue du Cloître-Saint-Merri, Paris (IV⁰)

www.ingramcontent.com/pod-product-compliance
Ingram Content Group UK Ltd.
Pitfield, Milton Keynes, MK11 3LW, UK
UKHW021015120726
13693UKWH00005B/2006